成果があがる テラーの会話術

～「見る・聞く・話す」でセールスの達人になる～

Takako Nagatsuka　Izumi Yokoyama
長塚 孝子　横山いづみ

近代セールス社

はじめに

たくさんの書籍の中から、本書を手に取ってくださって、ありがとうございます。本書は、お客さまとより良い信頼関係を築いていくための会話について、通信講座「銀行員のための会話力がメキメキアップする講座」の内容を見直し、執筆したものです。

通信講座を受講してくださった方から「とてもわかりやすい」「テキストのやり方を試してみたら、うまく会話が進んだ」とお褒めの言葉をいただき、とてもうれしくなりました。一方で、「書いてあることはわかるけれど、なかなか上手くできない」というご意見もいただきました。

そこで、よりセールスの現場で活用していただくために、「これだけはやろう。身につけよう」という項目に絞って執筆しました。また、新たに「セールス」という観点からも書き加えました。

あなたは「セールス」についてどのようなイメージを持っていますか。研修先で耳にするのは、「セールスは苦手」「セールスをするとお客さまから嫌な顔をされる」などのマイナスな言葉です。セールスはみんなが言うように「目標数字を達成するために商品を押しつける」ことでしょうか。確かに「セールス」という言葉を辞書で引くと、「売る」とか「営業」と書いてあります。でも、私はセールスは必要のない人に無理やり契約させる（または買わせる）ことではないと思うのです。

たとえば、「○○で困っている、○○ができたら助かるのに」という友人がいたら、何とかしてあげたいと思うでしょう？　もし私だったら、「それだったら○○したらいいのよ」とか「○○がいいって聞いたけれど…」と、自分の知っていることを伝えると思います。そして、かなったときの友人の笑顔や「ありがとう」のひと言で、私も一緒に幸せな気持ちになります。

大切なことは、困っている人にあなたの存在を知らせ、漠然とした不安やニーズを明確にして、その問題解決のために背中を押してあげることではないでしょうか。セールスとは、お客さまの役に立ち、お客さまから喜ばれることです。それをうまく伝えるためには、やはり会話力が必要です。

本書は、3つのセッションから構成されています。

「セッション1」は「会話の基本編」、「セッション2」は「会話の応用編」です。

「会話の基本編」では、人と話す前に知っておきたい会話の基本がテーマです。「会話の応用編」では、セールスにつながる会話がテーマです。それぞれのテーマに沿ったトレーニングを1週間ごとに実践していくことで、3ヵ月で「お客さまと楽しく会話ができる」ことを目指していきます。

さらに、「セッション3」の「セールスの達人を目指す」では、上級者向けのセールス成功の工夫や気分転換のヒントを集めました。

1週間ごとのトレーニングによる小さな行動の積み重ねですが、大きな成果につながっていくことと思います。続けていくことで、習慣化して、知らず知らずのうちに身についていきます。

途中で疲れたら、セッション3の16週目『自分を主役』にする時間も大事」を読んで、一休みをしてからまた始めましょう。

2019年　5月

長塚孝子
横山いづみ

目次

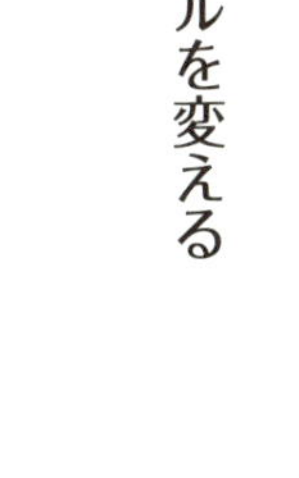

セッション
1

会話の基礎編

1週目　人と話す前に知っておきたい会話のキホン

I．会話のキャッチボール

私は子どもの頃「ドッジボール」が嫌いでした。ボールが飛んでくるのが怖かったし、当てられて痛いだけだし…。

そんなドッジボールと違って「キャッチボール」は、相手がボールを捕りやすいようにタイミングよく投げ合う遊びです。うまくやるコツは「ボールをよく見る」「相手をよく見る」こと。

さて、会話はキャッチボールのようなものです。ドッジボールのように、受け取れないような強いボールをビシビシ投げつけてはいけません。

・自分の言いたいことを一方的にまくしたてる

・えらそうな態度や言い方で話す
・質問だけをどんどんぶつけてくる
こんな人、あなたの周りにもいませんか？　ドッジボールタイプの人ですね。


会話は、お互いがしっかりと向き合うことから始まります。キャッチボールのように、「話す人」と「聞く人」の役割を順番に担います。

話すときには、ボール（内容）が相手にちゃんと届くように話します。聞くときには、たとえ「エッ！」と思うような内容でも、反発せずに一度きちんと受け止めましょう。

次のように、相手が受け取りやすいボー

受け取りにくいボールを投げる

ル（内容）を投げることも大切です。

A「日曜日、どこか行ったの？」
「○○へ行ったのよ」
「そうなんだ」

B「日曜日、どこか行ったの？」
「○○へ行ったのよ」
「○○へ行ったの、わ〜、いいな！　私、まだ行ったことないんだけど、何がよかった？」

Bの会話は、相手のボールを受け止め、「次につながるボール」を投げているのがわかりますか？　「次につながるボール」＝「相手の話への興味」ということ。会話は、言葉を通して心のやり取りをしています。

これが会話のキャッチボールです。

Ⅱ．主役はお客さま

「私、人見知りするんです」「口ベタなので」

「コミュニケーション障害なのかもしれないと思うんです…」

ここ何年か、研修に行くとこれらの言葉をよく聞きます。でも、休み時間やグループワークを観察していると、そう言っている人も同期や顔見知りを見つけて挨拶したり、談笑したりしているのです。

何か話さなきゃ！　←
「絶対に盛り上がる話題」は何かな？　←
思いつかない…でも何か言わないと！（焦り）　←

的外れなことをしゃべって、変な人だと思われたらどうしよう（不安）。

話し方、話の内容から自分の価値を低く見られたくない（「照れ」やこだわり、自尊心との葛藤）。

「会話が苦手」な人は、こんなふうに頑張ってみたものの、うまく続かず気まずい思いをしてしまうようです。まずは、お客さまが「主役」で自分は「脇役」だと思ってください。お客さまが楽しそうなら楽しそうに、真面目な顔をしていたら真面目にと、相手に表情を合わせてみましょう。

お客さま「このあいだ、熱海に行ったのよ」
テラー「わあ、素敵ですね！　いかがでしたか？」
お客さま「スゴく良かったわよ！　久しぶりにのんびりしちゃった」
テラー「のんびりできて、うらやましいです。温泉には入りましたか？」

こんな風に「お客さまを主役」にして話題を展開します。
・「のんびり」のように、主役の気持ちを表す言葉を繰り返す
・「知りたい！」という気持ちで質問する

きっと主役は楽しくなって、気持ちよく話してくれます。

「会話をどんなテーマにしよう」「何をしゃべろう」と、事前に考えるのではなく、「お客さまが話したいこと」に合わせればいいのです。「相手は何が話したいのか」「何を伝えたいのか」を捉えて向き合いましょう。そうすれば、自然に話がつながっていきます。

Ⅲ．物事の捉え方は人それぞれ

A「肉じゃがといえば、ブタ肉だよね」
「そうそう！　そうだよね」
B「肉じゃがといえば、ブタ肉だよね」
「はぁ？　ありえない！　牛肉でしょ!?」

こんなふうに、同じ会話でも「わかる、わかる！」と言われるときと、「それはない！」と返されるときがあります。それによって話が盛り上がったり、続かなくなったりするものです。なぜ、思うように会話が進まないのでしょうか。

人はそれぞれ、生まれ持った性格、育った環境、置かれている立場などから、自分なりの考え方や価値観を創り上げています。いわゆる「自分のものさし（判断基準）」と言われるものです。同じ物を見ても反応が違うのは、実は「あたりまえ」なのです。

でも私たちは、自分の見た物と同じ物が人にも見えていると思い込んでいます。だから、自分と相手の捉え方が違い、別の価値観に接したときに戸惑ってしまうのです。私の直近のびっくりは、友人の作ったカレーに「ちくわ」が入っていたことです。

そこで、自分と異なるものさしを受け入れるトレーニングとして、「新聞」をおすすめします。新聞記事に対して、「自分ならどう考えるか」「賛成か反対か」「その理由は」などを考えることで、多様な価値観の接し方を身につけるのです。

それを踏まえたうえで、冒頭のBの例を見てみましょう。

「そうなんだ。関西は肉というと牛肉ってよく言うよね。私は関東なのでブタ肉なんだけど、あなたはどこの出身?」

このように、相手を分かり合うための質問をすれば、会話につながるはずです。

大事なことは、自分を考えが違うからといって、相手を拒絶しないこと。「ちくわカレー」もおいしかったですよ。「そんな捉え方や見方、考え方もありますね」と、受け止められるように頭を柔らかく保っておきたいですね。

〈1週目のチェック〉

□ お客さまにも同僚にも、話をするときには相手の表情に合わせましょう。

□ 相手から用件以外の雑談が出たら「それはいいですね! 何がよかったですか?」と、相手の話を一度受け止め、次につながる質問を投げて会話を広げてみましょう。

□ 「人は自分と違ってあたりまえ」という気持ちで、違いを楽しみましょう。

2週目　「感じがいいなあ」と思われる人になろう

1．思っている以上に大事！「第一印象を左右する身だしなみ」

「人を見た目で判断してはいけない」とよく言われます。でも、人に会ったとき「気が合いそう！」とか「う～ん、なんか苦手なタイプ」と、思ってしまうこと、誰にでもあると思います。

もちろん、第一印象が最悪でも、相手をよく知ると「なんだ、素敵な人だった」と思うこともありますけど…。でも、そう思えるまでに時間がかかったりします。なぜなら、第一印象の影響力はのちのちまで残っているからです。

初対面で「好き」「嫌い」を判断する最初の手がかりは、外見、いわゆる「身だしなみ」です。「身だしなみ」は「他の人に不快な感じを与えないように身なりを整えること」。自分のための「おしゃれ」とは違います。

見た目がだらしない、初対面の印象が最悪のテラーに「お金の相談をしたい」とは思わないでしょう。

・制服の袖口に汚れやシミがついている
・ブラウスがシワシワ
・お辞儀のたびに髪が顔にかかる
・目立つネイルをしている

このように「残念！」なところがあるテラーが、かなりいます。

ポイントは、清潔感、控えめ、働きやすさです。まず、自分の外見をチェックして

笑顔は２段階で！

みましょう。テラー同士スマホで全身を撮り合って、自分の身だしなみを客観的に見てみます。その写真を、年代の違う他の人にも見せて、どう思うか感想を聞いてみましょう。

また女性の場合、メイクも重要です。オンのメイクは健康的で明るい方がいいですね。オンとオフのメイクを変えることで、「オフまで仕事を引きずらない」気持ちの切り替えにもなるのでおすすめです。


セールスの成功には、まず外見で相手に信用を与えることです。「この人に、話を聞いてもらいたい」と思われるテラーになりましょう。

Ⅱ.「ニコ」ではなく「ニコ、ニコッ」の2段階笑顔

空港のグランドスタッフに、接客件数がほかのスタッフの倍という人がいました。観察してみると、たくさんの窓口が並んでいるのに、お客さまは吸い込まれるようにそのスタッフの窓口に足を運んでいます。

そこで、「どんな秘密があるの?」と本人に聞いてみたら、「遠くにいるお客さまを、まず目で捕まえるの。そして目が合った瞬間、笑顔を2段階で出すの」との返事が返ってき

ました。

ニコではなく、「ニコ、ニコッ」です。視線が合ってまず笑顔、2回目は目も細め、小首をかしげたり、小さくうなずいたりして、アクションを添えています。

想像してみてください。自分がちょっと不安な気持ちで、何気なく航空会社のカウンターに目をやると、一人だけまっすぐ自分の目を見て笑顔で迎えてくれるスタッフがいたら、もちろんその窓口に向かってしまいますよね。

これは最強の初対面です。

金融機関も同様です。番号を呼ばれ「どこかな?」と見ると、テラーから目を合わせてニッコリ迎えてもらえたら、言葉をかわす前に好印象を受けるでしょう。ところが、番号で呼ばれて「入金お願いします」と声をかけるまで、事務に忙しく、こちらを見ないテラーもいます。

お客さまをお呼びしたら、たった5秒だけ、お迎えの笑顔に集中しませんか。ニコではなく、「ニコ、ニコッ」の2段階笑顔です。そうすれば、お客さまに安心感を与えられ、笑顔が返ってきたり、ひと言会話ができるきっかけもになります。

Ⅲ．「挨拶にプラスのひと言」の魔法

学生時代、男子、女子にかかわらずみんなから好かれている女の子がいました。あるとき私は、彼女が5、6人のグループとばったり会ったときのやりとりを遠目に見ていました。

「おはよう！」「お疲れさま」「元気？」「久しぶりじゃない？」と彼女はひと言ずつ、全員に違う挨拶をしていました。

そういえば彼女の挨拶は、知人のなかで一番さわやかで素敵です。

「挨拶にプラスひと言」、これが彼女の魔法でした。

挨拶は「あなたに会えたことを、私はちゃんと認識していますよ」というサインです。

逆に言えば「挨拶しない」ということは、「あなたは私にとって大事な人ではない」ことになってしまいます。

そしてそれは、相手にも伝わります。

つまり、挨拶しないだけで心理的な壁ができてしまうのです。

「素敵な人!」と感じてもらう「最高の第一印象」を目指すには、ただの挨拶では足りません。プラスひと言を加えます。

「おはようございます、雨、大丈夫でしたか?」

「こんにちは、本当に寒いですね」

このようにひと言プラスするだけで、「濡れなかった、ありがとう」「ホント、寒いわね」と、相手の反応が引き出せて、会話がつながりますよね。

窓口では「いらっしゃいませ」という挨拶が一般的ですが、これだけだと、相手も返す言葉が出てきません。「いらっしゃいませ」にプラスして、

「連休はどこか行かれましたか?」

「暑いですね、クーラーはもう入れました?」

「今日は雰囲気が違いますが、これからお出かけですか?」
など、相手が返しやすいひと言を、ぜひ添えてみましょう。

〈2週目のチェック〉

□ 徹底的に身だしなみを整えましょう。髪・服装・ネイルなど、業務前には誰かに確認してもらいましょう。

□ 視線で止めて笑顔でつかまえます。用件を伺うまでは、そのお客さまに集中しましょう。

□ 「こんにちは、本当に寒いですね」など、挨拶には必ず「プラスひと言」を加えましょう。

3週目 お客さまはどんな人？ お客さまを感察する

Ⅰ．お客さまを感察するとは

クレームを受けてしまった後で、「次のお客さまは優しいお客さまか、怖いお客さまか、超能力でわかったらいいのになぁ…」と思ったことはありませんか？

それ、実はわかる方法があるのです。

テラー「いらっしゃいませ」
（あら、素敵なバッグをお持ちだわ。刺繍かしら？ ぜひ話題にしなくては。目を見てまっすぐこちらに来る、背筋がピンと伸びていて自信がありそうな方ね。マナーにはちょっと厳しいかも）

こんなふうに、「持ち物」「歩く姿勢」「仕草」「目線」を意識して見ることで、その人の雰囲気や気持ちをみつけるのです。

これを私は「感察」（かんさつ）と呼んでいます。

観察の「観」の文字の中には「見る」という漢字が入っていますね。そのような「目で見る」情報だけでなく、その他のことも「感じて」「察する」、これが「感察」です。

言葉に出さなくても、「急いでいる」「全身をブランド品で固めている」など、その人の状況や価値観を察することもできます。

「アテンション・ギア」を見逃さない

たとえば、1分おきに時計を見るビジネスマンのお客さまをどう思いますか。きっと時間がなくてイライラしていますよね。その方に「お急ぎですか？ 手続き急ぎますね」という声かけをすれば、お客さまも安心できます。

先ほどの例のように、ハンドメイドや珍しいバッグをお持ちだったらどうでしょうか。「とても絵柄のきれいなバッグですね。手作りですか」と、声がかけられますね。

このように感察から得た情報は、お客さまにフィードバックすることが大切です。ただ、ぼんやりと見ているのではなく、意識して感察することで、得られる情報の内容は大きく違ってきます。

感察には訓練も必要です。「最近は何が流行しているのかなぁ」と、日頃から情報をキャッチするアンテナをしっかり立てておきましょう。

Ⅱ.「アテンション・ギア」に注目！

私はインコが大好きです。10年以上飼育していて、その可愛らしさのとりこになり、こよなく愛しています。

なので、私の持ち物はインコ柄のお財布、インコそっくりの小銭入れやパスケースなど、インコづくしです。口に出さなくても、持ち物を見ただけで「この人、インコが好きなんだわ」とわかるはずです。

このように、会話のきっかけになりそうな持ち物や、よく口にする言葉のことを「アテンション・ギア」と言います。

テラー 「お財布かわいいですね！」
お客さま 「そうなの！ 飼っているインコにそっくりで、つい買っちゃってね」
テラー 「かわいいでしょうね。何という名前ですか？」
お客さま 「アイちゃんって言うのよ！ 写真見る？」

「アテンション・ギア」はただの「持ち物」ではなく、「私はこれが好き」と発信しているメッセージなので、逆に気づいてもらえないとがっかりします。ぜひ、質問したり、言葉で伝えたり、態度に表してみてください。

このように「相手に関心と興味を持つ」ことは「相手を知る」ことにつながります。

これはあたり前のようで、意外と難しいのです。

たとえば、自分が大好きな人のことであれば、「いろいろ知りたい!」と自然と興味が湧きますが、自分と趣味が合わない相手では、正直そこまで関心は持てないものです。そういうときは、次のようなことを意識してみましょう。

・まずは相手に「関心」の目を向ける
・相手を自分の大切な人や自分のことと関係づけて考える
・相手と自分の「共通項」を探す

自分がそうされたらうれしいですよね、お客様も同じです。

Ⅲ.声を合わせてお客さまの気持ちをもっと知る

もう一つインコの話です。実はわが家のインコは、私の言葉を理解します。たとえば、放鳥タイムが終わりケージに戻すとき、「もっと遊びたい。ケージには戻りたくない!」とばかりに、抵抗して部屋中を飛び回ることがあります。

そんなとき、大きな声で「コラ！ いい加減に戻りなさい」としかりつけると、ピタッとおとなしくなります。

そう、インコに言葉が通じるのではありません。私の声の調子で、怒っているとか、機嫌がいいとかを判断しているのです。

声は心の状態を映し出す鏡のようなものです。気分が良い、機嫌が良いときは、声が明るくハリがあります。一方で、怒りや悲しみのときは、暗く沈んだ感じになります。

スマホで話すだけで、心の状態がチェックできるアプリがあります。通話で話した声を一つずつ解析し、通話全体でどのくらい元気だったのかが3段階で表示されるのです。

アプリでなくてもそれがわかる方法は、自分の声をお客さまのトーンに合わせてみることです。低い、明るい、ゆっくり、元気がないなど、同調することで、ある程度相手の気持ちがわかります。お客さまの今の気持ちがわかれば、続く会話も違ってきます。

さらには、話す言葉やイントネーションで、出身地が推測できることもあります。「お国なまりは、その国の誇り」という言葉があるように、故郷の話は盛り上がる話題です。アクセントが違ったら、それをきっかけに出身地を尋ね、

・旅行で行ってとてもよかったです
・一度行きたいと思ってるんです
・○○は有名ですよね！

など、名産品などをきっかけにすると話が弾みます。

「見て、聞いて、話す」ことで、お客さまのことをより深く知ることができるのです。

〈3週目のチェック〉

□ 感察を使って、一人のお客さまあたり最低3つの特徴を見つけてみましょう。

□ 気になる持ち物があったら「それ、めずらしいですね！」「素敵ですね！」と、声をかけましょう。

□ 自分の「声のトーンとスピード」を、相手に合わせましょう。

4週目 聞いていますサインで会話をリードする

1. 目指せリアクション芸人！

親に「ちょっと、聞いてるの？」と怒られたり、学生時代、先生に「わかった？　わかったら返事は！」と言われたりした経験、あなたにもありますよね。私も研修で受講者の反応が返ってこないときは、本当に心配になります。

「もしかして、聞こえてないのかな？」とか「さては、嫌われてるのかな？」とか、不安になるのです。そう感じると、相手の反応が気になって話すことに集中できません。

一方で、ニコニコしながらうなずいたり、びっくりしたような表情で「それは知らなかった！」などの反応があれば「もっともっと話したい！」という気持ちになります。

人の話を聴くときは、身体全体を使って「聞いていますサイン」を出しましょう。目指すはリアクション芸人です。

最近はLINE（ライン）のようなSNS（ソーシャル・ネットワーキング・サービス）を使うことが多いせいか、面と向かって気持ちを伝えることを苦手としている人が多いようです。

でも、そんな人でも、自分の気持ちをイラストのスタンプや「いいね！」で表現していますよね。

実際の会話では、絵文字の代わりにリアクションです。要所要所で「聞いてます！」というサインをスタンプのように出すだけで、相手は楽しそうに話し続けてくれます。

「聞いていますサイン」を出す

といっても、会話をしている間、ずっとリアクションが必要なわけではありません。特に大事なのは会話の最初の部分、5分ほどでしょうか。

このときのポイントは、

・少しでも相手に近づく感じで、やや前かがみの態勢になる
・大きく目を見開いて驚いた表情をする
・拍手して一緒に楽しむ
・頭や上半身を大きく動かしてうなずく

などで、言葉と表情、仕草を一致させることです。

Ⅱ.「うなずき、相づち」で相手の話したい気持ちを引き出す

ラジオで面白い話を聞いたことがあります。日本人のおばちゃんと外国人の青年がおしゃべりで盛り上がっていたのですが、その青年、日本語はまだ「ソウデスネ」と「スゴイデスネ」しか話せなかった、というのです。

おばちゃんの話の内容はわからなくても、青年のちょうどよい相づちは、おばちゃんを

気持ちよくし、おしゃべりにさせたのですね。

〈「あ行」「は行」の相づち〉

言葉の始めに「えっ！ 知らなかった」や「ほう！ そうですか」など、感動詞を小さく入れると、気持ちをより上手に相手に伝えることができます。

〈相手の話に、同意・肯定を示す「同意」の相づち〉

うなずきながら「そうですね」「なるほど」「おっしゃる通りです」など、肯定の気持ちを伝えます。

〈気持ちを受け止め、汲み取ってくれていると感じる「共感」の相づち〉

「大変ですね」「ご心配ですね」「楽しみですね」など、立場や気持ちに共感することで心の距離が近づきます。

〈話に興味がある、もっと聞きたいという気持ちを示す「促進」の相づち〉

「すごいですね」「それからどうなったのですか」と、話を促し、ふくらませる効果があります。

〈話を整理し、軌道修正の効果もある「整理」の相づち〉

「まとめると」「要するに」と、聞き手自身が話の内容を確認・整理するために使います。

〈話が進まないときや、話をそらすときの「転換」の相づち〉

「そういえば」「ところで」と、同じ話が繰り返される場合や、噂話・悪口などから話を変えるときに効果的です。


「うなずき」と「相づち」は、どちらも心理学的に相手への同調や共感を表します。「この人は私の味方」と感じてもらうことが、セールス成功の大事な第一歩です。

Ⅲ．オウム返しのテクニック

オウムは、人がしゃべった言葉を繰り返してしゃべります。

もちろんわが家のインコも、「ピーちゃん」と呼べば「ピーちゃん」と、「いいコ」と言えば「いいコ」と返してきます。このように相手が話した言葉を繰り返して伝えることを「オウム返し」と言います。

これは、格好よく言うと「バックトラッキング法」というテクニックです。

お客さま「先月、大阪に出張したんだ」
テラー「そうですか、大阪に出張されたんですね」
お客さま「次の休日はドライブの予定なんだ」
テラー「ドライブですか。楽しみですね」

初級編としておすすめなのが、このように「事実」をオウム返しすることです。慣れてきたら、次は「気持ちの」オウム返しです。

お客さま「この前、大通りにオープンしたレストラン、とてもおいしかったよ」
テラー「新しいレストラン、おいしかったんですね！」

「混んでいましたか？」「何がおすすめですか？」など、ひと言プラスすると、会話をもっと広げていくことができます。オウム返しは簡単な方法ですが、「聞いている姿勢」や「話をきちんと理解している」ことも相手に伝わります。このコツは、「気持ちを込めて繰り返すこと」。

たとえば、「出張されたんですね」の返事に「お疲れさまです、大変でしたね」という気持ちがこもっていないと、言葉だけがカラ回りしてしまいます。単純な方法だけに、気持ちがついていないと、けっこう相手に伝わってしまうものです。

上っ面だけの受け答えにならないよう、気をつけましょう。

〈4週目のチェック〉

- □ 会話の出だし5分間は、リアクションをいつもの倍にしましょう。
- □ 相づちとうなずきだけで会話を5分以上続けてみましょう。
- □ 会話の中で3回オウム返しを使い、できたらオウム返しプラスひと言を加えましょう。

5週目 お客さまの思い（ニーズ）を聞き出す質問の仕方

Ⅰ.「3つのきく」とは

「話し上手は聞き上手」ということわざがあります。話が上手な人は、相手の話をよく聞いて、それに合った自分の話をする、という意味です。確かにそうですよね。特にセールスにはこれが大事です。「何が必要なのか」「どうしたいのか」、相手の思いを聞くことができれば、それに合う商品をおすすめすることができます。

まずは3つの聞き方を知りましょう。

〈聞く〉

意識しなくても、音や声が自然に耳に入ってくる状態です。右から左に聞き流してしまう、受け身の聞き方には注意しましょう。

＜聴く＞

傾聴の「聴」という漢字は、「耳」＋「目」＋「心」と書きますが、字のように、この3つをすべて使います。

耳を傾け、相手の仕草や表情をよく見て、言葉だけではなく行間にある相手の感情までをも受け止めます。相手を理解しようという意識で聴くことも大切です。

＜訊く＞

相手に尋ねたり質問したりすることです。訊くことで、より相手の気持ちを深く知ることができます。こちらから働きかけることにより話を聞き出したり、結果として相手が自分でも気づかなかったことに気

「聞く」「聴く」「訊く」を使い分ける

づくこともあります。

相手やあなたとの関係、それぞれの場面により、この3つの「きく」を使い分けてください。もう一つ大事なことは、「この人はどうせこうだから…」と先入観で判断したりせず、「素直にきく」ということです。コツは、何か自分とは違う意見をきいたら「え!?」と思わず、「それ、面白いな!」と思うこと。

相手を受け入れる、相手の気持ちに近づく、これが本当の聞き上手です。

Ⅱ. 会話のスタートはこれで決まり! 「クローズ質問」

「リアクション」や「相づち」は、会話の聞き手、いわゆる「受け身」でした。いよいよ、こちらから質問をして、相手へ積極的に働きかけてみましょう。質問には大きく2つの種類があります。

一つ目は「クローズ質問」です。

テラー「今日はいいお天気ですね」
お客さま「そうね」
テラー「洗濯物もよく乾きそうですね」
お客さま「ええ、ホント助かるわ」

クローズ質問とはこのように、「はい」「いいえ」のどちらかで答えられる質問です。クローズ質問のメリットは、選択肢は2つしかないため、深く考えなくても答えられることです。そのため、会話の出だしに最適な質問です。

この例のように、「はい」で答えられる質問を2、3続けると、テンポよく会話が始まります。事前に準備しておくことで簡単にできますので、ぜひ使ってみてください。

一方、クローズ質問のデメリットは、話が広がらず、すぐに終わってしまうことです。そこで、研修のときによく試してもらうお題を紹介します。

「1分間、クローズ質問だけで、好きなものや出身など、相手の情報をたくさん聞き出してみましょう」と話をすると、皆さん30秒くらいで詰まって黙ってしまいます。もちろん、手に入る情報は少ししかありません。

さらに「いいえ」という答えの質問ばかり続くと、相手の気持ちがネガティブな方向に行って、会話が滞りがちになることもあります。

会話の出だし以外は「質問するぞ」とあまり気負わずに、「相手の話に集中し、会話の中で気になったことがあれば質問する」というスタンスを大切にして臨みましょう。

Ⅲ．会話はこうやって広げる！「オープン質問」

もう一つは「オープン質問」といい、相手に自由に答えてもらう質問形式です。

次のように「5W2H」をイメージするとよいでしょう。

・When（いつ）
・Who（だれが）
・Where（どこで）
・When（何を）

・Why（なぜ）
・How（どのように）
・How many（どれくらいで）

お客さま「車を買い替えようと思っているんですよ」
テラー「買い替えですか（オウム返し）。どんなお車をお考えなんですか（What）？」
お客さま「今度はスポーツカーにしようかと思って」
テラー「おぉ（ア行の相づち）！　かっこいいですね（共感）！　そのスポーツカーで週末はドライブですか。どちらかご予定は（How）？」
お客さま「やっぱり自然を感じるところを走りたいよね、海沿いとか高原とか」

このようにオープン質問のメリットは、会話が広がっていき、相手のいろいろな考えを知ることができる点です。得られる情報量は、クローズ質問に較べてとても多くなります。

その一方で、次のようなデメリットもあります。

・あまり親しくない人や、会話のはじめからいきなりオープン質問だと答えにくい
・話が広がりすぎて、収拾がつかなくなってしまうこともある

特に窓口セールスでは、「家族構成や住宅購入の予定を聞きたい」「年金開始の時期を知りたい」など、セールスにつながる情報収集が欠かせません。でも「質問」で一番大事なことは内容や仕方ではなく、「私に興味を持ってくれているんだ！」と相手に感じてもらい、「信頼関係を築く」ことです。

質問を上手に使い、お客さまとの間に橋をかけながら、セールスに結びつけましょう。

〈5週目のチェック〉
□「はい」で答えられるクローズ質問を3つ会話の始めに必ず入れてみましょう。
□相手の言葉を5W2Hを意識したオープン質問で広げましょう。
□「会話の7割は相手が話す」ことを目指し、「聞き上手」を心がけましょう。

6週目 誰からも好感をもたれる話し方

Ⅰ．ていねいな話し方のコツ

ここまでのトレーニングで、「相手に話してもらう」「質問をして情報収集する」ことのイメージはつかめたと思います。ここからは、「自分から話す」「わかりやすく説明する」スキルを習得していきましょう。

人と話すとき、同じ内容でも相手の理解度や受け入れる印象が変わることがあります。好感をもたれ、内容をきちんと伝えるために大切なのは、ていねいに話すことです。

＜命令形でなく依頼形で話す＞
気持ちよく了解してもらうために、判断を相手に委ねた形にします。
×「お待ちください」…これは話し手からの一方的な言い方です。

←

○「お待ちいただけますでしょうか」

「お待ち願えませんでしょうか」

〈「すみません」を言い換える〉

「すみません」は、さまざまな場面で使える便利な言葉ですが、きちんと言い換えて表現した方が気持ちが伝わります。

お　礼→「ありがとうございます」

お詫び→「申し訳ございません」

呼びかけ→「おそれいりますが」

〈ひと言の返事にも気持ちを乗せる〉

海外では「どういたしまして」を「It's my pleasure!」と言います。「感謝なんて

「はい＋α（気持ち）」がないと…

しなくていいのよ、あなたの役に立ててとてもうれしい」という意味です。

素敵ですよね。

お客さまに「ありがとう」と言われたとき、「いいえ」「こちらこそ」「どういたしまして」など、その時々に応じた返答があります。

誰かに何か頼まれたときも、ただ「はい」と受けるのではなく、「はい、もちろんです」や「はい、任せてください」と気持ちを添えると、なおいいですね。

Ⅱ．心に届く声のトーンやリズム

電話応対の研修で、必ず試してもらうことがあります。きちんとした姿勢での電話応対と、椅子にダラリともたれた悪い姿勢での電話応対の声を聞き比べるのです。その声の違いに、みんな驚きます。

相手に見えなくても、悪い姿勢は電話を通して声のトーンで伝わってしまうのです。例えば、「おはようございます」の挨拶を聞くだけでも、「元気で明るい人だな」「偉そうな人なのかな」「ちょっとブリっこじゃない？」など、声だけで印象を与えてしまうことが、実はよくあるのです。

電話応対の第一声は「ドレミファソラシド」の「ソ」の音が一般的には良いと言われています。ただしこれは、明るい声の目安です。

逆に小さな声が効果的な場合もあります。「大きな声では言えない大事なこと」「あなただけに伝える話」というニュアンスを伝えたい場合などです。

もし「自分は声で損をしているな」と感じているなら、高い声の人は低く、低い声の人は高く、話すトレーニングをしてみましょう。音域を意識したり、口を大きく開けて一言ずつはっきり発音するだけでも、相手は聞きやすくなります。

話すときには声のトーンだけでなく、メリハリと「間」も重要です。一本調子で単調な話をずっと聞いていると、飽きて眠くなってしまいますよね。そうならないために、話にリズムを作りましょう。

まず話したいことを、３つくらいのパートに分けて、一段落するたびに少しの「間」を取ります。この「間」で、自分も落ち着いて、次の部分を話すことができます。

Ⅲ．クッション言葉は魔法の言葉

少し昔、私が高校生のときの話です。授業で「割りばしを使う」と言われていたのに持ってくるのを忘れたので、学校の食堂でもらおうと思いました。そこでおばちゃんに頼んでみると、「食事をする人のためのものだから」と、ほとんどの人が断られてしまったのです。

そんななか、一人だけ割りばしをもらえたクラスメートがいました。その子は、「みんなお願いするときに、ちゃんと『お忙しいところすみません。おそれ入りますが』って、言った？」と言うのです。

もちろん私は「割りばし、くださーい！」と言っただけでした。

クッション言葉は、魔法の言葉です。

- 「お待たせする」「ご記入いただく」など、相手に何かお願いをするとき
- 「お断りする」など、相手の意に添えないことを伝えるとき

具体的には、こんなときに効果を発揮します。

〈質問するとき〉
・おそれ入りますが
・失礼ですが
・お差支えなければ
・つかぬことを伺いますが

〈依頼するとき〉
・もしよろしければ
・お手数でございますが
・ご面倒をおかけしますが
・勝手を申して恐縮ですが

〈断るとき〉
・誠に申し訳ございませんが
・あいにくですが

・せっかくでございますが
・お気持ちはありがたいのですが
〈反論や自分の意見を伝えるとき〉
・お言葉を返すようですが
・申し上げにくいのですが

このように、ひと言添えると相手への心づかいが伝わります。とっさの場面で、適切な言葉がきちんと使えるように、日頃から意識して使ってみましょう。

〈6週目のチェック〉

□ 普段よりもていねいな言葉づかいを心がけ、ていねいな接客の先輩のまねをしましょう。
□ 正しい姿勢で話し、張りのある、いつもよりいい声で会話をしましょう。
□ 話かけるときには「すみません」以外の適切なクッション言葉を使ってみましょう。

7週目 お客さまに伝わる話し方

Ⅰ．お客さまにきちんと話をすること

事務手続きやセールスなど、お客さまへきちんと伝えなくてはいけないことはたくさんあります。「意図するところを、間違えなく」伝えるには、その方法に工夫が必要です。

＜主語と述語を明確にする＞

知人にばったり会ったときのことです。一緒だったお子さんがふくよかに成長していたので、「久しぶり！ ずいぶん、大きく、ふっくらしたのね」と、声をかけました。するとお母さんが、恥ずかしそうに「ちょっと夏太りしちゃって…」と言いました。

相手の反応がおかしいな、と思いつつ別れてしばらくしてから、「しまった！ あの

方、自分が太ったって言われたと思っている！」と、私はやっと気がつきました。「お子さん、あんなに小さかったのに、ずいぶん大きくなりましたね！」とひと言添えるだけで、相手を嫌な気持ちにさせることはなかったでしょう。「主語を明確に伝えていなかった」という失敗例です。

〈謙遜する相手への対応〉

お客さま「3年の定期預金か…もう歳だから、そんなに生きられないと思うよ」

テラー「そうですね。それでは、もう少し期間の短いものもございます」

本当だったら怖い話ですよね。

もちろんお客さまは、テラーが否定してくれるのを期待しているのです。俗にいう「そんなことないですよ待ち」という状態です。

この場合「そんなことないですよ、○○さまはいつお会いしてもお元気じゃないですか」という返事が正解です。

言葉だけを受けて、いつでも共感すればいいわけではありません。謙遜している相手の心理を読み、相手の欲しい返事を返すこと。それが相手の気持ちを理解した、きちんとした話し方です。

Ⅱ．身体を使って話す

「お客さま、どうぞおかけになってお書きください」

窓口でのお客さまとのやりとりです。この対応自体は、おかしくないですよね!?

でも、こう言われたお客さまは、何とロビーに座り込んで床で書き始めたのです。テラーは「お客さま、床ではありません！　あちらのソファです！」と、大慌てでした。

「身体を使って話す」というのは、バスガイドさんが「右手に見えますのが、スカイツリーでございます」と、案内するイメージです。

自分では「あたりまえ」のつもりでも、お客さまには伝わらないこともあります。言葉で説明するだけでなく、ご案内をする場合には次のようにします。

・手で示す
・できるだけ、その場まで案内する
・腕を使って大きく示す
・目もそちらに向ける
・窓口からなら、身を乗り出して案内する

また、話の中にジェスチャーを入れるのも「身体を使って話す」方法の一つです。話の大事なところを強調したり、気持ちをうまく伝えることができます。

・「寒かったですか」などの言葉を、寒そうな身振りを入れる
・OKなら大きくうなずく、ダメなら首

イメージは「バスガイドさん」

を横に振る
・胸より上の位置で、大きくゆっくり動作をする

急ぐあまり「あちらです！」と素早く指し示すと、相手をびっくりさせてしまうことがあります。また、「早い動き」「こきざみな動き」は、心理学的には「緊張」や「不安」を表します。自分が話しているとき、そのような動作をすると、相手に不信感を与えて、話を聞いてもらえなくなってしまいます。

ボディランゲージは、ときとして言葉よりも雄弁です。満足度の高いセールスやサービスには、このような「余裕」や「信頼感」の演出も大事です。

Ⅲ．すぐにやめたい言葉や話題

言葉は時代とともに変化するものです。以前はダメだった言い回しも、最近では辞書に載っているなど、「誤り」とは言い切れないものもあります。ですが、次にあげたものはご年配のお客さまなどから「耳障りだ」と注意されることが多い言い回しです。

＜直した方がいい言い回し＞

×「パンフレットのほう、ご覧ください」⇓○「パンフレットをご覧ください」

「ほう」は不要です。あいまいさや自信のなさも伝わってしまいます。

×「よろしかったでしょうか」⇓○「よろしいでしょうか」

現在進行形の内容について伺っているので、過去形を使用しません。

×「1000円からお預かりいたします」⇓○「1000円、お預かりいたします」

「〜から預かる」というのは意味が通りません。

×「こちら、お通帳になります」⇓○「こちら、お通帳でございます」

「〜になる」とは、本来「AからBになる」という意味合いです。

＜プラスイメージの言葉を選ぶ＞

×「粗品をつけておきます」⇓○「可愛いプレゼント、おつけしておきますね」

×「新人なもので」⇓○「フレッシュマンです」

×「お年寄りにもできます」⇓○「ご高齢の方にも好評です」

〈タブーな話題〉

会話の話題にも、気をつけたいものがあります。話題によっては、相手を傷つけたり、怒らせてしまうこともあります。避けなければいけない話題は、次の3つです。

政治・宗教など…政治・宗教・思想・信条に関わる話題は、意見が食い違ったときに気まずくなります。

プライバシー…相手との親しさにもよりますが、私生活に立ち入りすぎるのはやめましょう。

悪口・うわさ…とりわけ悪口は厳禁。相手から言い出しても、そういう話題には乗らないようにしましょう。

〈7週目のチェック〉

- □「何の話をするのか」結論を最初に話すなど、「伝え方」を意識して話しましょう。
- □手振り身振りも使いわかりやすく伝え、大きく・ゆっくりを心がけましょう。
- □敬語についてマナーブックで再確認しましょう。

8週目 お客さまの心に余韻を残す

1. コミュニケーションで最も大切なもの

「コミュニケーションで最も大切なもの」は何でしょう。それは間違いなく「ありがとうと伝えること」です。

人から「ありがとう」って言われたら、やはりうれしいものです。逆に「ありがとう」が足りないと、「…してあげたのにお礼の言葉もない！」と思われてしまいます。

ですから、感謝をきちんと伝えることは、絶対に必要なのです。

たとえば、取引のお礼、時間を取ってもらったお礼、話を聞いていただいたお礼など、「何に対してのありがとう」なのかや、「どう感じているのか」を加えると、より気持ちが伝わります。

「いつもご利用いただきまして、ありがとうございます」
「お心づかい、本当にうれしく思います」
「ご親切にありがとうございました」
「これも○○さんのおかげです、ありがとうございました」
「いつもお心にかけていただき、とてもうれしいです」
「○○さんのお話を伺い、私も頑張ろうと思いました」

気づかいや思いやり、ねぎらいの「ありがとう」も、大切です。誰もが持っている「相手に認められたい」という気持ちが満

褒めすぎると、逆効果に？

たされるからです。


「まだまだ寒い日が続きますから、くれぐれもお大事になさってください」

「お力になれることがありましたら、いつでもお声をかけてください」

「すごい雨でしたから、お子さんの通学もご心配ですね」

「夏になると洗濯の回数も増えて、お母さんは本当に大変ですね」

「寒くなって節々が痛むと以前お伺いしましたが、最近は大丈夫ですか?」


「あなたを大事に思っています」というメッセージを伝える手段が、感謝やいたわりの言葉です。

Ⅱ．素敵なところを素直に褒める

最近、「合コンさしすせそ」というものを教えてもらいました。「さすが」「知らなかった」「すごいですね」「センスいいですね」「そうなんですね」というのがそれです。

女子は合コンでこれさえ言っていればモテるのだとか…。

真偽のほどはさておき、全部相手を褒める言葉ですね。人は誰しも「褒められたい」「認められたい」という欲求を持っています。褒められればうれしいし、相手にも好意を持ちます。

ここ数年で入場者数が劇的に回復したサンリオピューロランドは、朝礼に「褒める」を取り入れているそうです。

「○○を褒めてみましょう」というお題に「堂々としている」「かっこいい」「一緒に楽しんでくれている」など、スタッフから褒め言葉がたくさん出ます。

この結果、褒めるポイントを見つけようと観察力が上がり、お客さまが何を求めているかを察する能力が上がったとのこと。「褒める」は練習することで上手になるのです。

褒める練習として、まずはここから始めてみましょう。

＜洋服や持ち物を褒める＞

洋服や持ち物を褒める、服装や髪型など、相手の身の周りの、見てわかる部分を褒めてみましょう。

「よくお似合いですね」

「色合いが鮮やかですね」

「スーツの仕立てが、品があって素敵ですね」

<笑顔や声から人柄を褒める>

笑顔や声を褒めながら、間接的にその人の人柄を褒めます。

「いつもなごやかでいらっしゃいますね」

「笑顔が素敵ですね。みんなから言われませんか？」

気をつけるのは、お世辞に聞こえないようにすること。

何回も続けて褒めたり、褒めたすぐ後に何かを依頼したりしないようにします。相手の「いいところを見つけよう」「こだわりを見つけよう」という気持ちで向き合い、「素敵だなあ」と思うところを素直に褒めましょう。

Ⅲ．印象に残る別れ際の言葉

皆さんは、お客さまとの別れ際にどんな言葉をかけていますか？

「ありがとうございました」「またのご来店をお待ちしております」などが多いのではないでしょうか。

この言葉はＡＴＭで取引が終わったときにも表示されますね。こんな普通の言葉で会話を終えてしまうのは、少しもったいないと思いませんか。

「残存効果」という心理学用語があります。人は複数の物事に接した場合、最後の事柄を最も印象深く感じるという意味です。

以前、漫才のコンクールである「Ｍ-１グランプリ」の敗者復活枠が最後にネタをやり、優勝したのもこの効果が影響しています。

つまり、テラーの別れ際の挨拶がよければお客さまには好印象が残り、後々まで気持ちよく思い出していただけるのです。

たとえば、好きな人とのデートの帰りに「じゃあ、またね。ありがとう」とだけ言って別れるのと、「じゃあ、またね。今日は本当に楽しかった、ありがとう」と言って別れるのとでは、どちらがまた会いたくなるでしょうか。

別れ際の挨拶はこのように「プラスのひと言」と「名残惜しい気持ち」を添えると、より深い印象を与えられます。

「今日はお話しできて、本当によかったです」
「とてもいいことを教えていただきました。今日は楽しかったです」
ここでプラスするひと言は、自分を主語にして発信します。

「寒くなってきましたので、お風邪など召しませんように」
「何かわからないことがありましたら、いつでもお電話くださいね」

今日で終わる取引になるか、今後もつながる関係になるか、別れ際が勝負だともいえます。自分の気持ちを込めて、ぜひ、ひと言添えましょう。

〈8週目のチェック〉

□ 「ありがとう」「うれしい」などの感謝の言葉を、必ず会話に一つは盛り込みましょう。

□ 相手の良いところを見つけて会話の中で一つ褒めましょう。

□ 「別れの言葉」に、自分の気持ちをプラスひと言加えましょう。

コラム1

会話のきっかけ「きどにたてかけし衣食住」

初対面の人や、まだあまり仲良くないお客さまへの自然な会話のきっかけを紹介します。

「きどにたてかけし衣食住」です。

「き」＝季節…「○○の季節になりましたね」

この「○○」の中に、「新緑」「紅葉」や、「卒業」「クリスマス」などの言葉を入れていきます。

「スイカのおいしい季節になりましたね」と、食べ物を入れるのも、オススメです。

「ど」＝道楽・趣味…「最近、ハマっていることは何ですか？」「お休みの日は、何かお好きなことをおやりなんですか？」

自分の好きなこと、興味・関心のある話題が嫌いな人はいません。

「に」＝ニュース…「昨日のニュース、ご覧になりましたか？」「○○のニュース、どう思われますか？」

暗いニュースよりも、楽しい話題を選ぶことがポイントです。

「た」＝旅…「夏（冬）休みは、どちらにお出かけですか？」「最近はどちらへ行かれましたか？」

「行先」へ焦点をあてる、「一人で、家族と」など行動する人をテーマにする、「電車・飛行機」など移動手段を話題にするなど、旅への切り口はさまざまです。

「て」＝天気…「今日はいいお天気ですね」「いつまでも暑い（寒い）ですね」「雨が続きますね」「暑くて溶けてしまいそうです」など、いろいろと表現を工夫しましょう。

「か」「け」「し」＝「家族」「健康」「仕事」

これらの話題はプライベートに関することですので、いきなりではなく、状況を見て話しましょう。

ご年配の方は、病気の話を「むしろ、聞いてほしい！」という場合もあります。

「衣食住」＝「ファッション」「食べ物」「住まい」など

うまく活用するためには、普段から時事、スポーツ、流行などの情報をチェックしておくことが大事です。

BANK

セッション
2

会話の応用編

9週目　お客さまとの距離を縮める心理テクニック

I．お客さまの鏡になる

仲がいい友だちって必ず何か共通点がありますよね。趣味が一緒とか、笑いのツボが同じとか、同じものを「おいしい！」って言えるとか。

「共通項があると、お互いの距離が縮まる」、これを心理学では「類似性の法則」と言います。つまり、お客さまとも何か共通することがあれば仲良くなれて、さらにセールスの話もよく聞いてもらえるのです。

この「共通すること」は意識して、作ることができるのです。

「類似性の演出」です。

〈ミラーリング〉

お客さまの動作・表情やしぐさをまねすること

・笑うとき手を口にあてる方なら、自分もそうする
・相手がお茶飲んだら、お茶を飲む
・相手がネクタイを触ったら、自分もちょっと触る

〈ペーシング〉

相手のペースに合わせること

・自分が話すスピードを合わせる
・声のトーンを合わせる
・相手の口ぐせに合わせる
・相手の口調に合わせる

難しく考えることはありません。何かひとつの物を見たり、一緒のことで笑えば、その場の人たちに一体感が生まれますよね、それと同じです。

「なんとさっき、あの有名な俳優の〇〇さんがテレビの撮影しているのを見たのよ！」

「〇〇さん、スゴい！　いいな〜、やっぱりかっこ良かったですか？」

こんなふうに自分の幸せな気持ちに合わせてもらえたら、うれしさ倍増ですよね。まずは「楽しい気持ちにフォーカスする」ことから始めましょう。

大事なのは動作よりも、「態度・表情・気持ちをシンクロさせる」こと。お客さまと自分との間に仲間意識ができれば、セールストークの信頼感も増します。ただし、やりすぎには注意しましょう。「わざとらしい！」「からかってるのかな？」と思われたら逆効果です。

Ⅱ．自分をオープンにする

「お客さまのこの情報が聞きたいのに、なかなか聞き出せない」ってこと、ありませんか。実はこれ、簡単にできます。自分が聞きたいことは、「まず自分から話す」ということ。「それだけ？」と思うでしょうが、たったそれだけです。

たとえば、相手の家族構成を聞きたいとき、「ご兄弟は何人ですか？」と質問してしまいがちです。急にこんな質問をされたとき、相手は「突然、何でそんなことを聞くんだろう」と、心の中で警戒しているのです。

こんなときはまず、「私は3人兄弟の末っ子なんです。親からは、やっぱり甘えてるって言われちゃうんですよね」と、自分のことを話します。

そうすると、相手は、「家族のことを話すんだ」と、先の展開が予想でき、警戒のハードルが下がります。

そのうえで、

「○○さまはしっかりしてらっしゃいますよね、ご兄弟とか、いらっしゃるんですか？」

と続けると、自分のことも話してくれるようになります。

このように自分自身の情報、たとえば趣味・出身地・関心ごと・家族構成などを相手に知らせることを「自己開示」と言います。

自己開示をすることで、自分の聞きたい方向に会話をリードできるのです。

ちょっとした情報のやり取りをするだけで、お互いを知ることができ、「この人になら」という信頼関係が築けます。

お客さまのニーズに合っているはずなのに、セールスがうまくいかないとき。そんなときは、結果を焦りすぎてこのような「仲良くなるプロセス」を飛ばしていないか見直してみましょう。

仲良くなるために、ちょっとセールス以外の情報交換をしてみるのも、回り道のようで近道なんです。

Ⅲ．会話で沈黙が訪れたら

たとえばエレベーターの中や、お客さまと会話をしている最中、ふいに訪れる「沈黙」。気まずいですよね。もちろん、沈黙の時間の捉え方は相手との間柄でも違ってきます。

気持ちが通じ合っている人とならば、沈黙は気にならないかもしれません。でも、仕事の場面では、「盛り上がっているときはいいけれど、話題が途切れて沈黙しているときはとても気まずい」と感じる人は多いようです。

私もこの沈黙の時間が苦手で、一方的に話し続けて疲れてしまい、人と話すのが憂鬱になってしまったこともありました。

そんなとき、フランスでは会話で間が空くことを「天使が通った」と表現すると聞いたのです。ちょっと素敵じゃないですか?

確かに、映画やテレビの名シーンでは、沈黙という間がとても効果的に使われています。沈黙は会話の休憩時間のようなものなのです。

沈黙しているとき、相手は何か言おうとして適切な言葉を探しているのかもしれません。あるいは、それまでの話を自分の頭の中で整理して、何かを決断しようとしているのかもしれません。

相手の沈黙には、そんな意味もあるのです。

会話で沈黙が訪れたら、まずは肩の力を抜いて深呼吸しましょう。話をしなくても、相手を見てほほ笑んだり、相手と同じ窓の外の景色を眺めたりすることで相手も安心します。

沈黙のとき、あなたがリラックスすれば、相手もリラックスできます。

とはいえ、いつまでも相手が話を始めないようなら、

・目の前にあるものを話題のきっかけにする
・「そういえば、先ほどの話ですけど」と、前の話に戻る

などの方法で、沈黙を終わらせることができます。

黙って相手と同じ時間を共有することも、会話上手への道です。

〈9週目のチェック〉

□ 会話の最初の5分間だけ意識して、相手の動作をまねしてみましょう。

□ 聞きたい情報があるときは、自分もその情報を自己開示してみましょう。

□ 沈黙のときは優しいまな差しと笑顔で、相手が話し出すまで待ってみましょう。

10週目 成功するセールスの条件

I. お客さまを「応援する」気持ち

「お願い！　積立預金、作って！」

テラー1年目のとき、人生で初めて「達成目標」を与えられた私は、友人にお願いして回りました。

それから3年ほど経った頃でしょうか。そのとき、積立預金を作ってくれた友人に「ありがとう」と言われたのです。「あのとき作った積立が、すごく役に立ったの。あなたに言われなかったら、お金なんて貯めてなかったと思う。本当にありがとう」

友人は結婚式を控えていました。彼女のためを思ってすすめたセールスではなく、私の目標のために作ってもらった積立です。でも時間が経過したら、それは彼女の役に立っていました。

その視点で、窓口のほかのお客さまを見ると、

「もっと前にやっておけばよかった」

「何かしないと、とは思っているんだけど」

「難しそうで、どうしていいかわからない」

と、お金に関するヘルプサインが出ているお客さまがたくさんいたのです。

「もったいない！　いまから貯めておいた方がいいですよ！　何年もたったら『あのときの私、ありがとう』ってなります

お客様１人１人のライフイベントを考える

よ！」と、セールスした数年後、「あのときすすめてもらって、本当によかったよ！」と、何人ものお客さまに声をかけていただきました。

たとえば「車を買う」というお客さまには、備えとして積立預金もおすすめします。初めは新車になってウキウキとしていますが、車検費用のことを考えておかないと、3年後に困ってしまうこともあるのです。

セールスは「未来のお客さまに、幸せになってもらう働きかけ」です。「嫌い」「苦手」と思わず、楽しんでやってみませんか？

どんなお客さまも、達成目標のために嫌々セールスするテラーより、自分の未来の幸せを一緒に喜んでくれるテラーに心を動かされるはずです。

Ⅱ．人生にちょうどいいタイミング

一般的な人生には、「ここでお金が入る」「ここでお金がかかる」という大きな出来事（ライフイベント）があります。ライフイベントは、「子どものため」「家族の備え」「未来

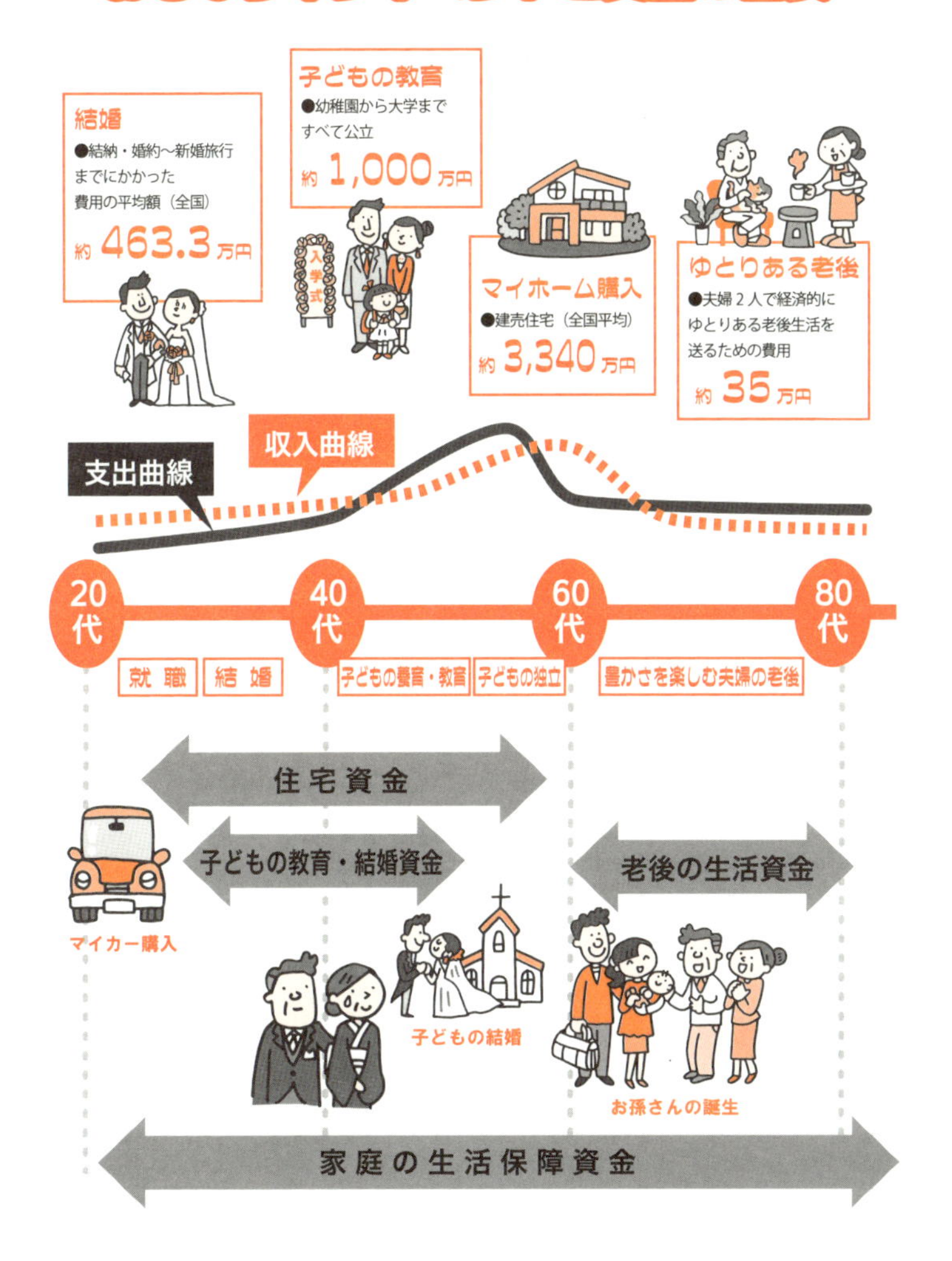
おもなライフイベントと支出の目安
結婚
●結納・婚約〜新婚旅行までにかかった費用の平均額（全国）
約 463.3 万円
子どもの教育
●幼稚園から大学まですべて公立
約 1,000 万円
入学式
マイホーム購入
●建売住宅（全国平均）
約 3,340 万円
ゆとりある老後
●夫婦2人で経済的にゆとりある老後生活を送るための費用
約 35 万円
支出曲線
収入曲線
20代
40代
60代
80代
就職
結婚
子どもの養育・教育
子どもの独立
豊かさを楽しむ夫婦の老後
住宅資金
子どもの教育・結婚資金
老後の生活資金
マイカー購入
子どもの結婚
お孫さんの誕生
家庭の生活保障資金

の自分のため」など、夢や幸せをイメージできるタイミングです。

各ライフイベントのお客さまが、どのような気持ちで何が必要なのかを見ていきましょう。

〈就職したお客さま〉

「新しい生活」というキーワードを使い、環境が変わることへの期待や不安に共感しましょう。仕事が忙しくて、引落し口座が残高不足などの、新しいリスクもあります。給与振込に指定や積立預金など、リスクへの備えもご案内しましょう。

〈結婚する予定のお客さま〉

「新しい生活で、お財布のひもはどちらが握られるんですか?」という質問で、金銭的にどちらに決定権があるのかも推察できます。「賢い妻」や「今までとは違う、2人のための貯蓄」という言葉を織り交ぜていきましょう。

〈住宅購入予定のお客さま〉

住宅購入は、すぐに成約するものではありません。情報収集や継続的なフォローが重要です。近年は独身女性が住宅を購入されることも多いので、年齢性別を問わず幅広く声をかけましょう。

＜子どもが産まれたお客さま＞
子どもの将来について考え、まさに預貯金のニーズとセールスが一致するチャンスです。「私いま、死ねないわ！」とおっしゃるお母さまもいました。女性に特化した医療保障の保険商品などもおすすめできます。

＜定年退職するお客さま＞
定年の解放感や寂しさ、年金不足など退職後の不安、加齢による健康不安などを抱えています。「老後が心配」とひと口にいっても、ローンの残債、退職金運用など、人によって不安要素はさまざまです。会話を通して、適した商品提案を心がけましょう。

Ⅲ．「お客さまの幸せ」と「商品」の間に橋をかける

ライフイベントのタイミングで声をかけたり、そのイベントへの備えをおすすめする。

そうすると、こちらのセールスと、お客さまのニーズがぴったりマッチします。
「ライフイベント」を見逃さず、このようにそれぞれの年代や必要性に応じた商品をご紹介していきましょう。

＜就職したお客さま＞
「お給料の中から、新生活のために積立預金を始めてみませんか？」
「新しい生活と一緒に、新しいカードはいかがですか？」

＜結婚する予定のお客さま＞
「結婚式の費用っていくらくらいかご存知ですか？ 全国平均で約４６０万円だそうです。理想の結婚式のためにも、ぜひお金を貯めましょう！」
「これからの貯金は自分だけのためではなく、新しい家族の幸せのためなんですね。貯めるのも楽しくなりますね」

＜子どもが産まれたお客さま＞

「お子さんのお名前で積立預金を始めませんか？　お年玉も入金できますよ」
「将来、お子さんにピアノの素晴らしい才能があるとわかったとき、資金面での安心感が約束され、心強いと思います」

＜住宅購入予定のお客さま＞
「いよいよ人生で一番のお買い物ですね。住宅ローンでわからないことがありましたら、何でもご相談くださいね」
「一般的には、頭金は物件価格の２割が必要だといわれています。ご準備はいかがですか？」

＜定年退職するお客さま＞
「会社員生活を無事に終えられ、まことにお疲れさまでした。セカンドライフに何かご不安などございますか？」
「年金受取りまで、まだ数年ございますが、同世代の多くの方はどのようにおすごしかご存知ですか？」

〈10週目のチェック〉

□ 将来のお客さまを応援する気持ちで、楽しくセールスしてみましょう。

□ 「結婚する」「家を買う」など、ライフイベントのキーワードを聞いたら必ず声かけをしましょう。

□ 「どのライフイベントに、取り扱っているどの商品をおすすめできるのか」を書き出してみましょう。

11週目 お客さまのハートをつかむセールス

I．必要性を感じてもらう「ニーズの喚起」

ちょうどよいタイミングで声をかけても、セールスがうまくいかないこともあります。それは、お客さまが貯蓄・運用の必要性に「気がついていない」ときです。

誰もがそうだと思うのですが、仕事にプライベートに大忙し。目の前のやらなくてはいけないことで手いっぱいだと、なかなか3年後、5年後のことをゆっくり考える時間がありません。

そんなときはテラーから、お客さまの必要性に気がつくよう声をかけてあげなくてはいけません。これを「お客さまへのニーズ喚起」と言います。

ニーズ喚起には、主に3つのパターンがあります。

＜「必要性」を思い出させる＞

「数年後のお子さまの進学に伴う受験費用や学費」「退職後から年金受取りまでの空白期間」などをお知らせし、現在の貯蓄状況と照らし合わせて準備を促す。

＜足りないものを探す＞

「同年代の平均貯蓄額と比べて、自分の預貯金は多いのか少ないのか」「ＡＴＭ利用手数料を無料にするために足りない条件はないか」などをひとつの目安として、必要なのに足りないものはないか、お客さまと一緒に探してみる。

＜「理想」と「現実」の間を埋める＞

会話からパズルを組み合わせて情報 GET!

「ゆとりある老後を送るために、年金だけでは毎月いくら足りないのか」「ご主人が長期入院した際、家族に心配をかけないためには」など、「安心」「安定」「理想」と「現在の状況」とのギャップを埋める備えの提案をする。

セールスの前には必ずこの「ニーズ」があります。お客さまの「やらなきゃ！」という気持ちを引き出すような働きかけが大切です。

Ⅱ．セールスにつながる情報は全部ココにある

必ずチェックしてもらいたいのが、通帳やシステムの顧客情報です。ペーパレスで通帳がないこともありますが、それに代わって見ることができるシステムツールを利用しましょう。「ニーズ喚起」のほかに、この「情報収集」は、成功するセールスには欠かせません。

＜お客さま情報は2種類ある＞

会話からわかるお客さまの情報は、例えば「明るい人」「スポーツジムに通っている」

など、その人の性格や趣味等です。でも、それだけでは「セールス」には結びつきません。そのお客さまを「セールスという点から見ると」どのような取引先か、それらの情報が通帳やシステムの中に入っています。

システムや通帳からわからない、セールスに必要な情報を、会話を通してさらに訊いていく。これが「セールスのための情報収集」です。

＜情報のどこを見ればいいの？　何を訊けばいいの？＞

まず見るべきポイントは、本人の他に世帯取引として、給与振込・年金等に自動的に入ってくる取引と、公共料金のように自動的に引落しされる取引の有無です。

それを受けて「いつもお給料のお振込、ありがとうございます」「○○のお支払いはどのようにされていますか？」など、お礼や質問を交えながら、会話を展開します。

その他、読み取れる情報をつなぎ合わせて、どのようなお客さまなのかを、探偵のように推理します。たとえば、給与振込はないがカード代金の引落しがある口座なら、「他行にメインの口座がある」と推測できます。

それを踏まえて他行の取引状況を聞いていきます。これが、セールスにつながる「決定力のある情報」の収集です。

Ⅲ．取扱商品を分類しタグづけする

次に、商品の選択を、自分なりに簡単にする工夫をしてみましょう。

あなたが旅行に行こうとパッケージツアーを探すとき、「何月何日から何泊」「宿泊地」「朝食付き」「予算〇万円以内」など、条件を追加すればするほど、希望に近いツアーが出てきます。

自分が取り扱っている金融商品も、このように整理・分類してタグづけをします。

たとえば、

「個人年金保険」の商品であれば「#年金型受取り」「#相続税対策」「#預入金額〇万円」「#最低10年運用」のようにです。

分類しておくとお客さまと会話するなかで、「年金形式のように受け取りたい」「子どもや孫への相続軽減に関心がある」「ある程度の資産がある」などの「キーワード」が出てきたら、すぐ「この商品だ！」とわかります。「この商品を成約した人はどういう人かな？」と考え、成約したケースからも「学資に対して不安がある」など、たくさんタグをつけておきましょう。

世帯収入や、子どもの年齢、住宅保有の有無など、条件がよく似た家庭であれば、ニーズが一致し、同じ商品を検討する可能性が高くなります。「同世代のご家族が多く利用されていますよ」というセールストークも、その裏づけになり、お客さまの心にもスッと届きます。

注意したいポイントは、「お子さまがいる ↓ この商品だ！」とセールスするのではなく、それぞれのお客さまの事情に合わせて、カスタマイズしておすすめすることです。

商品をいろいろな面からよく知ると、逆に「どの情報を聞き出せば、どの商品が売れるのか」がわかります。そうすると「この条件を聞けば、この商品をおすすめできるな」と、セールスのクロージングへ向けて、主導権をもった会話がお客さまとできるようになります。

〈11週のチェック〉

□ お客さまの備えに足りない点がないか一緒に考えてみましょう。

□ 通帳や顧客情報から読み取れるポイントで、その家庭の状況を推理してみましょう。

□ 「どの情報を聞き出せば、どの商品が売れるのか」を整理してみましょう。

12週目 断られてもあきらめない最後のひと押し

Ⅰ.「断られてからがセールス」は本当？

昔、「営業は断られてから始まる」と聞いて、「意味がわからない」何、どういうことなんて思っていました。でも何年もセールスをしていると、やはり一度も断られずに成功するセールスなんて、あまりないのです。

支店やエリアや全国レベルでトップのテラーも、皆さんと同じくらいの件数を断られています。トップの人たちがすごいのは、断られたときに「まだいけるお断り」と「本当にダメなお断り」を見極めて、それぞれに合った対応をしているところです。

たとえば、次のような対応です。

・「商品に興味がない」無関心型の断りには「ニーズの喚起」
・「いますぐでなくても」や「決定権がない」不決断型には「決定権や時期のヒアリング」
・「商品が理解できない」方には「図を使って視覚的にわかりやすく」

お断りの理由が「予算や余裕がまったくない」「他の金融機関に勤めている家族がいる」などの場合は、しつこくすると嫌がられます。

また、自分がお客さまの立場で考えると、「面倒だな」「時間がかかるな」と感じ、「忙しいので」と断ることがあります。

成功の秘訣は「タイミング」と「ひと言」

つまりこの時点では、まだテラーの話の内容はお客さまの耳に届いていないのです。こんなお客さまには、「せっかくなので、お時間2、3分よろしいですか。3分この話を聞いたら、将来的にお得かもしれませんよ」と、時間を区切って「聞く姿勢」を作ってもらうのも効果的です。

中には、テラーに一度断って「○○さまに限ってそんなことないですよ、大丈夫です」と言われたい、背中を押してほしいタイプのお客さまもいます。

「断られる」のは、セールスの階段のまだ半分くらいのところです。「お断りの理由」を判断して、後半もうひとがんばりしてみましょう！

Ⅱ．断られたときの言葉を用意しておく

一度断られたセールスを後半戦に持ち込むために、有効な方法がいくつかあります。

①YES、BUT法

まず、お客さまの言うことを「そうですね（YES）」と受け入れたうえで、「しかし

（BUT）」と説明します。

人は最初から否定的に「それは違う」と頭ごなしに言われると、不愉快な気分になります。しかし、共感してから反論すれば、お客さまの自尊心を大切にしているので、どんなお断りにも使うことができます。

②YES、AND法

断りの言葉に、「そうですね」「おっしゃるとおりですね」と共感して受け止めたあと、「ですから」「だからこそ…ですね」と会話を発展させる方法です。

③質問話法

お断りに対して、「ということは、つまり…なのですか」「他に何かお考えをお持ちなのですか？」等、質問で問いかけます。

断りの理由が本音ではないな、まだほかに理由があるな、と感じるときに使います。お客さまの本心、真のニーズを探るのに効果的です。ただし、尋問調にならないように気をつけましょう。

④たとえ話法

「お金がないのよね」「まだいいかな」の断り文句に対して、たとえ話で説得します。

「ちょうど同じような方がいらっしゃいました。でもお話するなかで、10年後には、学費でもっとお金がないとできないということに気づかれたのです。今しかない、と契約されて、とてもご満足いただいています」と、「めでたしめでたし」で終わるような、たとえ話で説得します。

⑤聞き流し話法

建前や謙遜を言っている場合に、「何をおっしゃいます」「とんでもない」「ははは」など、ソフトに一回聞き流します。そして別の話題をはさみ、もう一度メリットの説明から繰り返します。

Ⅲ．次につなげるクロージング

「クロージング」とは、セールスを成功させる最後のひと押しのことです。クロージングをかけないセールスは、「アタっているのにリールをまかない釣り」「何度もデートしているのに告白してこない彼」みたいなものです。

「お客さまが迷っていて、でも成約に傾きかけている瞬間に、いいひと言で決断を促す」これで、セールス成功の確率はかなり上がります。大事なポイントは「タイミング」と「ひと言」です。

〈タイミング〉

・パンフレットの一ヵ所を見て考え込む
・同じことを何度も口にする
・内容について念押しで確認する
・「どうしようか」と何度か言う

〈ひと言〉

「一番お利息の有利な定期預金です」
「ご名義は、奥さまの、それともご主人さまになさいますか？」

「〇〇さまだからこそ、おすすめいたします」

「こちらに、年金の指定替えをお願いいいたします」

「〇〇さま、それではこちらの申込書にご記入ください」

ほかにも、

「皆さん、最初はそうおっしゃってましたけれど」

「未来の自分へのプレゼントですね」

など、同じく迷った方と較べたり、理想を提示したりするひと言もあります。


クロージングをかけても「やっぱり、今日はいいや」と言われてしまうときもあります。その場で成約につながらなくても、お客さまを明るく笑顔で送り出しましょう。

お客さまが断ったのは「その商品の今日の契約」です。あなたのことを嫌いになったのではありません。断られても落ち込まないでください。そのお客さまには少し時間が必要なのかもしれません。

フォローを継続すれば、後日成約する可能性も充分あります。次につながるよう、良い印象で終わりましょう。

〈12週のチェック〉

□「お断り」はセールスのまだ半分。理由を判断して後半もうひと頑張りしましょう。

□断られたときは「5つの切り返し法」を使ってつなげてみましょう。

□お客さまの背中を「ポン」と押すのがクロージング。良いタイミングで使ってみましょう。

コラム②

四季の挨拶言葉や会話の切り口

季節の話題はどなたにでも使える「第二の挨拶」といわれています。四季の切り口は「決まり文句」のようなもので、いくつか覚えておくとスムーズに会話が始められます。

次のように、季節にからめた「つい答えたくなる質問」や、「そのお客さまに合わせたアレンジ」を加えると、会話が楽しくひろがります。


〈春〉「もう、おひなさまは飾りましたか？」

「今日、今年はじめてウグイスの声を聞きましたよ」

「お花見、この近くだと、どこがおすすめですか？」

「ご入学、誠におめでとうございます。お子さんの成長って本当に早いですね」

「衣替えって、いつするか、なかなか難しいですよね」

〈夏〉「暑くなってきましたね、ご体調はいかがですか？」

「クーラー、もう使われましたか？」

「熱中症対策で、何かやってらっしゃることがあれば、教えていただけますか？」

「お盆はお孫さん、帰っていらっしゃるんですか？　楽しみですね」

「最近した、一番夏っぽいことって、何ですか？」


〈秋〉「だいぶすごしやすくなってきましたね」

「秋の味覚は、何か召し上がりましたか？」

「○○山の紅葉がきれいだと聞いたのですが、行かれたことはありますか？」

「スポーツの秋や、芸術の秋と言いますが、○○さまには何の秋ですか？」

「いまは収穫の最盛期でお忙しいでしょう」


〈冬〉「朝晩、寒くなってきましたね、お風邪などひかれていませんか？」

「さきほど七五三姿を見かけました。とてもかわいらしいですよね」

「大掃除や年越しのご準備は、いかがですか？」

「1年って、本当にあっという間ですよね」

「本年も、どうぞよろしくお願いいたします」

セッション
3

セールスの達人を目指す

13週目 お客さまのタイプに合わせてセールススタイルを変える

I．お客さまごとの効果的なアプローチを知ろう

同じセールストークをしても、セールスがうまくいくときと、いかないときがありますよね。なぜなら、それを聞くお客さまのタイプが違うからです。

セールストークは仲良くなるための楽しい会話ではなく、「これを買う！」と決断させるための会話です。

セールスを成功させるためには、セールストークやアプローチを、お客さまのタイプに合わせて変えなくてはいけません。そこで、お客さまのタイプを知りましょう。

〈社交上手タイプ〉

・お客さま自身の表情や、感情の表現が豊かな方
・主婦層に多い
・細かいことは気にしない
・キャンペーンやサービス好きな傾向が強く、成約までの期間は比較的短い

＜協調大事タイプ＞
・自分から話しかけてくる高齢者に多い
・話をよく聞いて仲良くなることがセールスへの近道
・たくさんの商品をおすすめするより、ニーズに合う商品に絞って提案した方がよい

お客さまの未来が見えるようなトークを！

〈リーダータイプ〉
・明るく、快活なオーラが出ている
・さまざまなことに積極性が高く、投資経験があることが多い
・自分の意見があり、指図されることを嫌う

〈分析官タイプ〉
・こちらの質問にすぐ解答せず、じっくり考えて正確に答えようとする方が多い
・成約までの期間はお客さまの慎重さにより個人差があるが、こちらのセールスを覚えていて、後日の成約に至る確率が高い先

「そういえば、あのお客さまはこのタイプかも」と、想像できますよね。そして、あなたはどのタイプでしたか？　それぞれのタイプに合わせたセールスを見ていきましょう。

Ⅱ.「社交上手タイプ」と「協調大事タイプ」

この2つのタイプの特徴は、感情の振り幅が大きいということです。商品の細かい内容

や数字よりも、「この商品、なんだか私に合ってそう!」という気持ちの盛り上がりが、セールス成功への道です。

アプローチは、まず仲良くなり、幸せな気持ちへの共感を示すこと。持ち物や服装へ「プチ褒め言葉」をたくさん盛り込み、セールスのベースとして「幸せな気持ち」を感じていただきます。

商品のパンフレットを見せるときには、数字を追うよりも、絵や写真を示して「想像してみてください」と、間をとります。お客さまから「将来、役に立つわね」など、ポジティブな発言が出たら「それ、すごくいいと思います」と、肯定します。

「○○さまと同じ、絵画がご趣味のお客さまが、先日お友だちとグループ展を開かれたんです。○○さまもそのようなご希望がおありなのですか?」

「少しずつ旅行資金を貯めるだけでなく、もう少し利回りの良い商品のご検討はいかがですか? 運用次第では、ワンランク上の旅館にできるかも!」

「身体の支障を感じるのは、50代からだそうです。運用で医療費や長生きに備える『家族の安心口座』を準備しませんか？　ご家族の健康への備えは、家庭を守る奥さまの仕事、というお宅も多いですよ」

「賢いママのへそくりはいかがですか。ご家族で旅行など、将来へのいいごほうびになりますよ」

「同じ商品を検討されるなら、キャンペーンのいまなら、金利上乗せもあり、こんなに素敵なプレゼントも！」

イメージのセールスは、見えないものを見えるようにするものです。お客さまが主役の幸せな未来を、ぜひセールストークで見せてあげてください。

Ⅲ．「リーダータイプ」と「分析官タイプ」

この2つのタイプの共通点は、論理的な説明を好むことです。そこで、次のように対応するとよいでしょう。

・結論から話す
・数字やデータを示す
・メリット・デメリットをわかりやすく提示する
・自分の選択に自信があるタイプのため、お客さまの言葉を否定しない
・おすすめの商品が成約しなかった場合に備えて、次のプラン（B案）を用意しておく

このような、「○○さまのために、事前にきちんと準備をしていますよ」という姿勢が、このタイプのお客さまには好印象です。

「教育費の半分は大学受験からの4年間でかかります。私立文系で400万円。受験は5年後ですが、ご用意はされていますか？」

「年金だけでは老後の生活には足りないと話題です。毎月10万円程度不足するそうです。そのための備えのお話をさせてください」

このように問題点を数字にすると、聞く姿勢になってもらえます。

パンフレットのグラフをもとに、「年金だけでの不足額」や「住宅ローン頭金」などの

一般的な数字の話で始め、「○○さまのお嬢さまは中学生ですが」と、そのお客さまの情報を盛り込んで進めていくと「うちもそろそろ準備しないと間に合わないかも」と、自分のこととして感じてもらえます。

会話の中では、

「インデックスファンドでしたら、ニュースなどで損得の状況を追いやすく、おすすめです」

「投資信託には、個人では購入できない、中国や新興国の銘柄を組み入れたものもございます。○○さまのポートフォリオに、ほかの方は持っていない銘柄を加えることができるんです」

など、保有のメリットを明確にしましょう。

お客さまの抱えるリスクを明確にし、迷っているお客さまの背中を押す、セールスのスタイルです。

14週目 上級者のためのセールスを成功に導く小技集

I．お客さまも思わず買ってしまう心理テクニック

セールスの、最後のひと押しがなかなか決まらない。そんなときはちょっとした心理テクニックを使ってみましょう。

〈フット・イン・ザ・ドア（段階的要請法）〉

お客さまが少しだけ開けたドアの隙間に、訪問販売のセールスマンが、ガッと足を入れて「話を聞いてください」という営業スタイルが由来です。

まず、次のようにお客さまに簡単に「ハイ」と言ってもらえるお願いをします。

「ちょっとチラシのここだけ、読んでみてください」

「少しだけ、一緒に考えてみましょう」

そこから、だんだん大きなお願いにしていきます。すると、かなり難しそうな要求でも、お客さまは「ＯＫしてしまう」これが、「フット・イン・ザ・ドア」です。


さっきまで「ＯＫ」していた自分を否定するようで、「ＮＯ」とは言えなくなる、心理学の「一貫性の法則」を使ったテクニックです。

要求を大きくしすぎず、少しずつ重ねていくのがポイントです。


〈ドア・イン・ザ・フェイス（譲歩的要請法）〉

フット・イン・ザ・ドアとは、逆の手法です。

「では口座の６００万円、全部運用しましょうか？」

「全部は多いよ！」

「そうですよね。ではお使いにならない２００万円を、キャンペーン商品ではいかがですか？」

最初にありえないほど大きいお願いをし、一度断られます。次に、かなり譲歩した「小さいお願い」にするのです。

テラーのお願いを断ったお客さまは、「テラーもお願いを譲歩してくれたんだから、こっちも少しは聞いてあげなくちゃ悪いな」と感じます。これは「返報性の法則」を使った、心理テクニックです。

Ⅱ．売れているテラーがやっている工夫とは

＜セールスの時間を縮める＞

窓口で受付し事務処理でお待たせするとき、お待ちいただくお客様に、おすすめしたい商品のチラシを渡し、

最初は大きく、次は小さくすすめよう

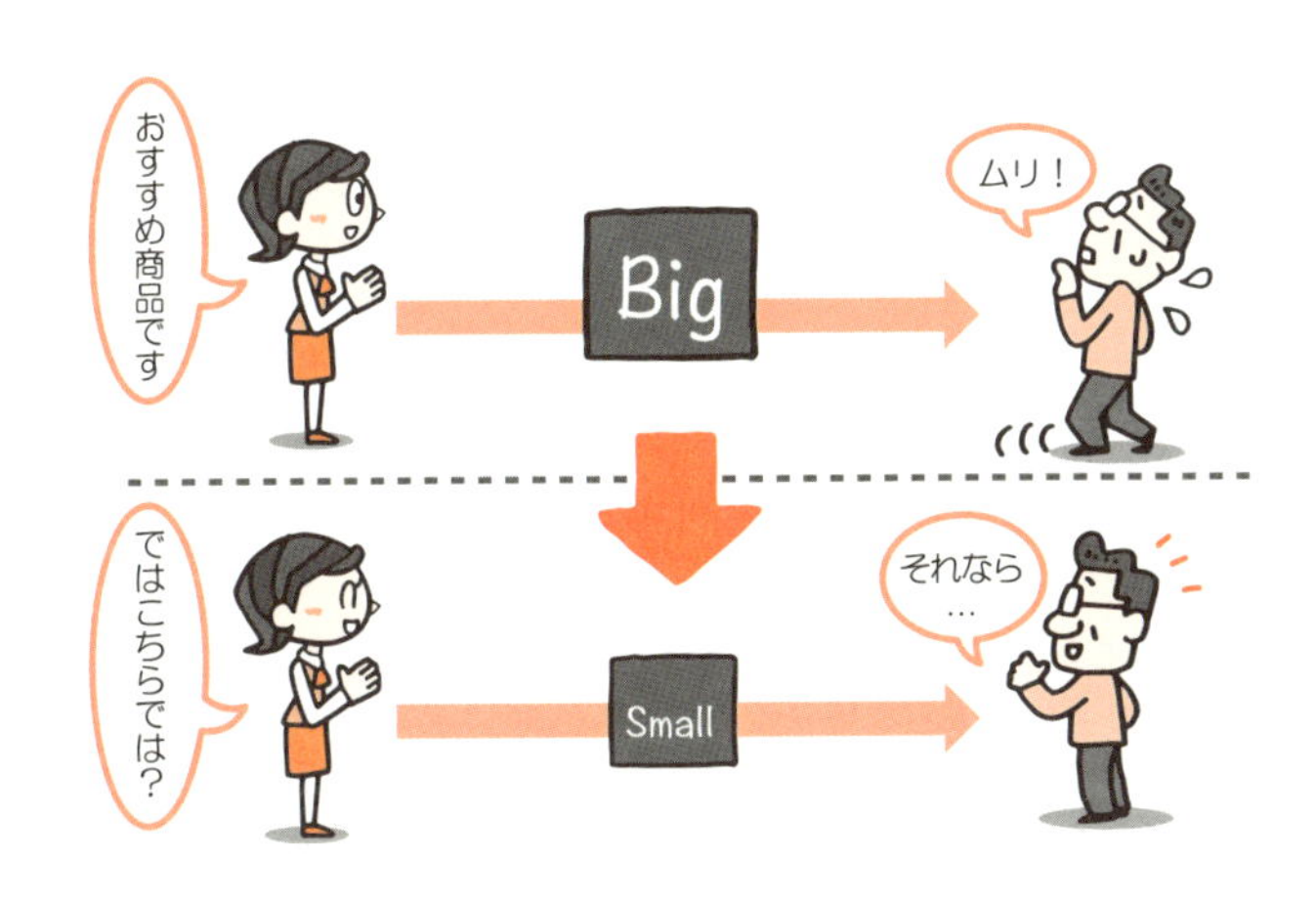

「とてもおトクなキャンペーンです。ここを読んでお待ちください」
と、読むところまで指定します。

手続きが終わり、窓口にお呼びしたら「どこかわからないところ、ありましたか？」
と、質問で会話を始めるのです。お客さまはそれに返事をし、最終的にセールスは成功していました。事務処理中にセールスも半分進めてしまい、お客さまをお待たせする時間も短縮しています。

＜たとえはわかりやすく身近なものを使う＞

テラー「今日のお味噌汁の具は何ですか？」
お客さま「大根と油揚げよ」
テラー「油揚げといえば、いつも5枚パックだったのに、同じ値段でいつのまにか4枚パックになっていたんです！　これって、実質値段が上がっているんですね」

テラー　「夏といえば、何でしょう？」
お客さま「う〜ん、ビールかな？」
テラー　「その通りです！　ビール会社の株は夏に上がるので、「冬に買い、夏に売れ」と言われています。ではほかに、暑い夏に上がりそうな会社って、何があると思いますか？　投資って、実はそういうことなんです」

まず会話の入り方が、「何だろう？」と興味をひく問いかけです。そして、食べものなどお客さまの身近な話題から、セールスへつなげています。

どちらも「会話」を上手に使いながら、セールスのきっかけを作り出しています。

上手なテラーの工夫をぜひ参考にしてみてください。

Ⅲ.「少し怖い未来」を想像してもらう

なかなか成約に至らないときは、「未来への不安」をスパイスに使う方法もあります。

私の経験ですが、以前、歯医者で、すぐに治すほどでもない小さい虫歯を指摘されたときに、歯科医からこう言われたのです。

「フライト中に痛くなったら…。気圧が下がりますから…。さぞ、痛いでしょうねえ」

これはもう、「治療してください！」としか、言えないですよね。

これをセールストークに応用すると、

「老後はぜいたくしなければ大丈夫よ、とおっしゃっていた方が、その後、急なケガや病気などでお困りになっているのを、私はたくさん見てきたものですから…」

どんな人も抱えている「不安」をイメージしてもらうことができます。

もう一つ、「あえて弱点に触れる」方法もあります。

「こちらの保険商品は、預入期間が長いのが確かにデメリットといえます。ですが、この運用期間があるので、元本確保できるのです」

「これはココが素晴らしい！　こんないいところも!!」と、商品を絶賛するテレビショッピングのお姉さんのことを「ちょっとウソっぽいな」と笑ってしまったこと、ありませんか？

自分から商品のデメリットを話したり、他社の商品を一度褒めることで「他社と比較しても、良い商品なんだ」「欠点のこともちゃんと話してくれた」と誠実な印象を与えられます。

もちろん、弱点のあとにそれを打ち消すメリットを提示するのがセールストークのポイントです。

そのうえで、

「AとB、○○さまなら、どちらになさいますか？」

と、相手に選択権を与えます。

不安を吹き飛ばすような幸せな未来になる商品を、ぜひ紹介してあげてください。

15週目 いつのまにか目標がクリアできる「電話」と「フォロー」

Ⅰ．電話セールスではセールスしない

「窓口には、ほとんど同じお客さましか来ないんです」

テラーからよく聞く悩みです。そんな支店では、新しいお客さまに来店してもらうために、電話セールスが重要になってきます。

でも、何年も自動引落しにしか使っていない金融機関から急に電話がかかってきたら、お客さまもびっくりしますよね。

電話セールスで大事なのは、「すぐにセールスしない」ということ。まずは「金融機関に口座があることを、思い出してもらう」くらいでいいのです。

「○○銀行です。今日はキャンペーンのご案内でお電話しました」と電話すると、「今、

忙しいのでけっこうです」と、断られてしまいます。

それよりも、

「○○銀行です。使い方でわからないところやご質問がないか、皆さまにお電話させていただいております」と切り出します。すると、「そういえば、こういうときどうするの?」や、「いま、残高いくらだったっけ?」など、けっこう返事をしてもらえるものです。

「電話をくれて、ありがとう」と言われたら、一度目の電話はもう終わりましょう。

「普段、何時くらいなら、ゆっくりお話

「フォロー」でお客様のハートをつかもう!

できますか?」と、聞いておくと、なおいいでしょう。

「先日お話した○○です」という2度目の電話で、運用経験の有無や、ライフイベントのヒアリングなどをしていきます。電話の前に、名刺やパンフレットを送っておくのも効果的です。

次には、「来店」をお願いします。電話だけで商品内容を理解してもらうよりも、窓口でお顔を見て話した方が、リスク確認などを確実に行うことができます。

電話一本で「セールスを成約させよう」などと思ってはいけません。まずは「お客さまに情報をプレゼントする」気持ちで、たくさん電話をかけて話をしてみましょう。

Ⅱ.セールスで最も大切な「フォロー」

「電話セールス」の中で、「日を改めて、同じ人に2回目の電話をかける」という話をしました。これが、「フォロー」です。

「何度も会うと、相手に好印象を抱く=ザイオンス効果」と言われていますが、フォローにもその効果があります。

定期的に「フォロー」をすることで、「この商品にしてよかった」「この人に相談してよかった」という「安心感」や「価値」を、お客さまに感じてもらうのです。

たとえば、セールスが成約した場合の基本的なフォローは、このようになります。

・できればその日にお礼状を出す
・運用の期間中、定期的（3～6ヵ月）に運用成果や気になる点はないか電話をする
・満期後の運用についてもヒアリングする
・満期前（2週間～1ヵ月前）に、名刺と、満期後の運用におすすめの商品のパンフレットを郵送する

1人のお客さまに対して、最低限これらのフォローが必要です。

フォローのツールとして、エクセルなどのソフトを使って顧客管理をすることが多いようです。おすすめは「五十音順」で登録しておくこと。久しぶりのお客さまから電話をもらった際にも、すぐに対応できます。

・名前
・顧客番号
・成約、もしくは検討する商品
・金額
・成約の見込み
・満期日
・前回お話しした日にち、ヒアリングした内容
・ライフイベントやニーズ
・キャンペーン好きなどの傾向
・渉外のフォローの有無
・何曜日の何時頃なら話せるのか

このような内容を表にしておき、いつでも見られるようにします。もちろん顧客情報ですので、パスワードをかけて管理するなど行内のルールを守りましょう。

「満期前のお知らせは、月に一度必ずエクセルを確認する」などを自分で決めて、フォ

ローしましょう。

Ⅲ.「目標」をストレスに感じないために

多くのテラーの方と話していて、みんなが「難しい」と感じているのは、やはり「目標をどう達成するか」と、いうことです。

テラーは店頭営業なので、「目標」とされる数字があることがほとんどです。達成できなければ反省を求められるし、期末が近づいてくるとプレッシャーも感じますよね。

「いいお客さまが来ない」と悩んでいるあなたに、もっといいやり方を伝授します。

窓口に偶然来店したお客さまへのセールスだけで目標を達成するのは、ほぼ無理です。でもあなたには、今まで「褒めて」「合わせて」「雑談して」「自己開示もして」「ニーズを見つけて相談に乗っている」お客さまが、たくさんいるはずです。

既存のお客さまへの「フォロー」をすることで、こんな効果があります。

・状況報告を通して、お客さまの保有商品についての理解が深まる

・商品満期後のリピート率が高まる
・テラーへの信頼度が上がる
・増額購入や他商品へのセールスにつながる
・いつでも相談できる状態をキープでき、解約防止や資金流出を防げる
・保有顧客の生の声が聞けるので、それをセールスにも活かせる
・ほかのお客さまを紹介してもらえる

このように、すでに存在する自分のお客さまを、フォローして、リピーターにして、その方々の相談に乗りつつ、電話セールスで「新しいあなたのファン」をさらに増やしていく、こうして目標に近づいていく方が、ずっと確実です。

「あなたに会いに来た」と言ってくださるお客さまが来店する、会話が楽しく弾む、「ありがとう、相談してよかったわ」と言ってもらえる。

この本が目指すテラーなら、きっと成果も自然についてきます。

16週目 「自分を主役」にする時間も大切

Ⅰ．疲れたらちょっと休もう

相手のハートをつかむ会話のコツは「相手に合わせる」「反応を見る」「よく聞く」ということに尽きます。

でも、仕事でずーっと「相手」に合わせるのは、とても疲れることなのです。その結果、仕事（ON）と、プライベート（OFF）の切り替えが、うまくいかなくなってしまうことがあります。

・家に帰った後、「あー、疲れた。もうしばらく誰ともしゃべりたくない…」という状態が続く

・細かいミスが増えてきた

こんなときは、ONを一度しっかり切って、「本当の自分」を取り戻しましょう。

<すぐできるストレス解消法>

・おいしいもの（身体にいいもの）を食べて7時間以上寝る

・接客ではできないファッションやメイクを楽しむ

・まっすぐ帰宅せず、落ち着いた喫茶店などに寄ってみる

・深呼吸をする

・暖かいお風呂に入る

<時間をかけてリフレッシュ>

・夢中になれる趣味をみつける

努力している自分にごほうびをあげよう

・旅行に行く
・好きなものをたくさん買って部屋にひきこもる

OFFの時間には相手に合わせてばかりでなく、自分の意見を言うことも大事です。仲良しとご飯を食べに行くとき、「なんでもいいよ」ではなく、「辛いものが食べたい気分！」など、自分の気持ちを主張してみてください。

自分なりのOFFの切り替えスイッチを見つけるのもいいですね。今まで聞いたなかでとても素敵だったのは、「ビルとビルの間から、富士山がスゴくきれいに見える場所があるんです。誰も知らない、私だけの場所です」というスイッチでした。

体調が悪くては、仕事もプライベートもうまくいきません。社会人として、まずは健康であること、そして、OFFの時間をうまく使い、心も健やかであること。

自分が主役になる時間、それがOFFの時間です。

Ⅱ. 自分を見つめ直してみよう

＜人の目を気にしすぎない＞

「これ、変に思われるかな」「私、どう見られてるのかな」と、心配する人が増えています。人目を気にしすぎると、自分の力が発揮できず、消極的になってしまいます。

人は人、自分は自分。「お客さまのため」など、自分の判断の基準を決めたら、迷わず進みましょう。

＜プライドを持ちすぎない＞

年数を重ねると、「後輩の前でかっこ悪いことはできない」なんてことありますよね。でも、プライドを持ちすぎると素直になれず、もっと大変になります。

先輩になっても、わからなかったら聞いていいんです。仕事が多すぎたら、「助けて！」って言っていいんです。

きっと、気持ちにゆとりができますよ。

＜仕事以外の人間関係を作る＞

学生時代の仲間や、趣味のグループなど、仕事以外の人間関係を作っておきましょう。どんな職場でも、人間関係の問題はあります。

そんなときほかに仲間がいれば、「まあ、よそにも仲良しはいるし、いいか」と、自分の逃げ道ができます。社外の人は、新しいアイディアをくれることもあります。出会いも広がります。

＜自分を褒める＞

ＬＩＮＥに「肯定ペンギンのあかちゃん」という、かわいいスタンプがあります。「出勤してえらい！」「ちゃんと起きて、えらい！」と、どんなことも褒めてくれるのです。

毎日寝る前に、頑張っている自分のことを「…できて、えらい！」と、褒めてあげましょう。

ポイントは、プラス思考で自分ができることを褒めることです。

自分を見つめ直すことで、「今のままで大丈夫なのかな？」という、あせりや閉塞感がなくなります。そこから生まれる感性は、ゆとりや落ち着きとして、お客さまへのホスピタリティに活かされますよ。

Ⅲ. 未来のために自分を磨こう

〈楽しそうなことをたくさん知ろう〉

「カラーバス効果」という心理学用語をご紹介します。

「世界にはたくさんの情報があふれているけれど、自分が興味あるものしか『関係ある情報』としてキャッチできない」、ということです。逆に言えば、「興味あるもの」を増やせば、もっとたくさんの情報が入ってくるということ。

お客さまの話から知るのもいいですし、持ち物もきっかけになるかもしれません。楽しそうなことをたくさん知って、いろんな情報をキャッチできるようアンテナを張りましょう。

〈自分のキャパシティ（許容量）を広げよう〉

キャパシティとは、そのものの許容量、たとえば「このエレベーターは、10人乗りです」などです。エレベーターは大きくなりませんが、人は訓練することでキャパシティを広げることができます。

キャパシティが広がると、難しい仕事に取り組むときや、たくさんのことをこなさなければいけないときも落ち着いて取り組めます。仕事や心にゆとりがあるときに、「関心がある」本を読んだり、仕事に「関係する」ことを調べたりするのもキャパシティを広げる方法の一つです。

今すぐに役に立たない本でも、自分の中に情報として蓄積され、仕事に活かされるときがきます。

このような自分磨きは、ぜんぶ「未来の自分」のため、です。ちょっと頑張って勉強したら、自分にごほうびを買うのもオススメです。私が持っている金箔のコンパクトも、「あのときは頑張ったな〜」と見るたびに思い出させてくれます。

ごほうびと一緒に新しい目標を考えるのもいいかもしれませんね。

コラム③

話が長いご高齢のお客さまへの対応

「とにかく話が長くて、後ろにお客さまが並んでいるときは困ってしまうんです」
よく相談されるお悩みです。

ご高齢のお客様の話が長くなってしまう原因は、

・まとめられない
・時間がたっぷりある
・話を聞いてもらえるので、自分を認めてもらったようでうれしい

という3つです。

一つ目の、「まとめられない」方は、会話中に「同じ話を繰り返す」「同じ単語が何度も出てくる」という特徴があります。対策は、テラーが簡潔にまとめること。

「お話をまとめると、…ということですね」「ポイントは…ですね」など、テラーが「整理の相づち」を使って「理解していることを伝える」と、安心して話が進みます。

ほかの理由の方には、少し注意が必要です。

普段寂しい思いをしている方は、テラーが笑顔で話を聞いてくれるのが、とてもうれしいのです。なので、「話を打ち切る」＝「自分を否定される」と感じ、気分を害してしまうこともあります。

まずは、お客さまの「楽しいからもっと話をしたい」という気持ちを理解しましょう。そして懇意にしているお客さまには、素直に状況を説明します。

「いつも楽しいお話を聞かせていただきありがとうございます。もっと聞かせていただきたいのですが、本日は混み合っていて落ち着いてお話を伺えません。次回ご来店の際に、ぜひ続きを聞かせてください」

自分が引き止めてしまった形でお詫びする方法もあります。

「ほかにもご用があるところを、私の方からお声をかけてこんなに長くお引止めしてしまい、申し訳ございません。次の年金デーにも、お会いできるのを楽しみにしていますね」

どんな場合にも、最後は笑顔でクロージングすると、良い印象のまま次につながります。

おわりに

この本を最後まで読んでくださり、本当にありがとうございます。

コミュニケーションもセールスも、相手と会話をするところからスタートします。

「会話」は「会」って「話す」と書きます。大切なことは、自分が相手に関心を持って、相手を見て、相手の話を聴いて、言葉を交わすキャッチボールから始まります。

あなた自身からの働きかけがすべてのスタートです。


実は、この本を一緒に書き進めた私たちは、同じ銀行の出身です。でも、銀行員時代はまったく接点がありませんでした。出会ったのは、それぞれが銀行を退職して、別々の道を歩き始めときです。

たまたま2人が同じセミナーに参加していたのです。そのセミナーで、同じ銀行出身と知った横山から、声をかけられました。あのとき声をかけられなかったら、現在のように私たち2人がお互いに助け合い、同じ仕事をすることはなかったと思います。

おわりに

人生にはいろいろな出会いがあります。そのきっかけとなる会話力について、私たちの経験や体験したことをまとめてみました。

昨日までの自分に「なにか」を加えることで、明日からの自分は新しくなっていきます。新しくなった自分は、新しい未来を作り出すことができます。

そして、お客さまから「話しやすい人」「相談に乗ってくれる人」「頼りになる存在」として信頼を得て、さまざまなビジネスチャンスをつかんでいってください。

最後になりましたが、本書を出版するにあたり、私たちの思いに賛同いただき、出版の機会を与えてくださった近代セールス社の大内幸夫様、並びに関係者の皆様に感謝いたします。

２０１９年５月

長塚　孝子
横山いづみ

[著者紹介]
長塚孝子（ながつか たかこ）
㈱孝翠代表取締役、㈶生涯学習開発財団認定コーチ、JHMA認定ホスピタリティ・コーディネータ
横浜銀行出身。営業店勤務の後、本部でテラー育成、店頭営業推進、CS向上の企画・推進等を担当、ダイレクトバンキングセンターグループ長を経て独立。現在、教育コンサルタントとして金融機関や企業・官公庁等において、研修やセミナー等で幅広く活躍中。
著書は「テラーに贈る37のエッセイ」「職場のルールと応対マナー」「ホスピタリティ・センス」（以上、近代セールス社）、「プレ・ゼミ金融機関の仕事」（金融財政事情研究会）、「もうヤダこんな後輩！ 先輩のための後輩トリセツ」（きんざい）他。

横山いづみ（よこやま いづみ）
㈱孝翠主任コンサルタント、2級FP技能士
横浜銀行出身。営業店勤務を経て退職。退職後、航空会社に勤務、皇室・VIPルーム、接遇・教育教官を担当。同社退職後、外資系金融機関にてスーパーバイザーとして営業指導を担当。現在、㈱孝翠の主任コンサルタントとして金融機関や企業・官公庁等で研修を行う一方、「バンクビジネス」「近代セールス」等の専門誌、および通信教育教材等に執筆活動を行っている。

お客さまのハートをつかむ！ 成果があがるテラーの会話術

2019年6月3日　初版発行

著　者――長塚 孝子　横山いづみ
発行者――楠 真一郎
発　行――株式会社近代セールス社
〒165-0026　東京都中野区新井2-10-11　ヤシマ1804ビル4階
電 話 (03)6866-7586　FAX (03)6866-7596
デザイン・イラスト――伊東ぢゅん子
印刷・製本――株式会社暁印刷

ISBN 978-4-7650-2144-9